「英語」で夢を追うアスリート

⑤ 世界に広げたい「つながりの環」

根木慎志

くもん出版

JAPAN

わたしは車いすバスケットボールの日本代表として、世界で戦ってきました。努力して目標にたどりついたときの達成感は、生きていくためのエネルギー源になります。

日常生活において、みなさんがかんたんにできることでも、わたしたちにはむずかしいこともあります。そこで必要になるのが、会話というコミュニケーションです。

団体競技である車いすバスケットボールでも、チームワークをよくするために、ことばはなくてはならないものです。海外でプレーするようになってからは、英語ということばでコミュニケーションを取ることが必要でした。だから、わたしは大の苦手だった英語にも挑戦しました。

この本ではわたしの、

「車いすバスケットボールをがんばる姿」
「英語をがんばる姿」
「英語でがんばる姿」
を、みなさんに紹介できたらと思っています。

根木慎志

目次

PART 1 スポーツ人生への扉

PART 2 車いすバスケットボールで世界へ

プロフィール **根木慎志**(ねぎ・しんじ)

1964年岡山県生まれ。高校3年生のとき、交通事故で脊髄を損傷。以後、車いすでの生活となるが知人のすすめで車いすバスケットボールに出会う。2000年シドニーパラリンピックでは男子車いすバスケットボール日本代表キャプテンをつとめる。現役時代から「出会った人と友だちになる」というライフテーマをモットーに全国各地の小中高等学校をおとずれ、講演やパラスポーツ体験授業をおこなってきた。現在はこれまでの経験をいかし「あすチャレ！スクール」の講師として全国各地で授業をおこなう。日本パラリンピック委員会運営委員もつとめる。

PART 3 世界をめざし、英語を勉強

PART 4 世界中の人と友だちになるために

PART 1

スポーツ人生への扉

体のつかえる部分をすべてつかって

激しくスピーディーな車いすバスケットボール

迫力の車いすバスケットボール

「シュー！」

車輪のむきが八の字になっている車いすに乗った選手が、すごいスピードで走ります。

「ガッシャン！」

ゴール下では、車いす同士が激しくぶつかりあい、車いすごと転倒してしまうこともしばしば。それでも自力で起きあがり、またボールを追いかけるのです。

車いすバスケットボールは、スピード感あふれるスポーツです。

強くなるために乗りこえるべき課題

もちろん、車いすバスケットボールはかんたんにできる競技ではありません。ドリブルをしながら車いすを操作するのはむずかしいし、競技用車いすにはブレーキがないので、止まるためにもかなりの力が必要です。ジャンプのかわりに片輪だけ浮かせるティルティングで、ボールをカットしたり、シュートしたりしなくてはなりません。また、車いすごとぶつかりあうので、それにたえられるように、体を鍛える必要があります。このような課題を乗りこえ強いチームになるために、プレーヤーたちは毎日練習をしています。

負けずぎらいな小学生

スポーツに夢中だった少年時代

体を動かすことが好きだった幼稚園のころ

小学校４年生で出場した柔道の全国大会

必殺技は「地獄車」！ 柔道に夢中の小学生

小さいころのわたしは、体が細く、あまり丈夫ではありませんでした。そんなわたしが、スポーツに夢中になったきっかけは、「柔道一直線」というテレビドラマでした。テレビのなかの身ぶり、手ぶりを一生懸命まねしているわたしを見た母が、近所の柔道教室をさがしてきてくれたのです。ここからわたしのスポーツ人生がはじまりました！ それからは毎日夢中で練習。そのかいもあり、小学校４年生のときには、全国大会に出ることができました。

「柔道一直線」では空中でジャンプして技をかけたり、「地獄車」なんてすごい名前の必殺技があったり……。強く、かっこよくなりたくて、練習をたくさんしたよ！ 柔道教室をさがしてくれた母によろこんでほしいとも思っていたんだ。

小学校３年生のころ。親友といっしょに
（写真右が本人）

恥ずかしがり屋で負けずぎらいな小学生

冗談をいってはいつもクラスをもりあげていたわたしは、お調子者の意味をもつ「ひょうきん者のネギ」とよばれていました。でもほんとうは、友だちと話すとき、恥ずかしくていつもドキドキしていました。そんな気持ちをかくすように、わざと冗談をいっていました。友だちが笑ってくれると、ほっと安心したものです。

しかし大変な負けずぎらいでもありました。負けることがいやでしかたなかったのです。恥ずかしがり屋で負けずぎらい。心のなかに、いろいろな性格の自分がいるようでした。

体育の時間にバスケットボールのシュート練習をしたときのこと。バスケットボール部の友だちに勝てなかったことがありました。それがすごくくやしくて……。放課後にこっそりフリースローの練習をしました。その結果、友だちに勝つことができたのです。

こっそりしていたフリースローの練習。でもじつはその姿は友だちに見られていたんだ。

デザイナーになりたい!?

英語が話せないから目標を変更

中学校時代、校外学習で小学生と

水泳部をつくろう！……あれ？ プールがない！

中学校では、水泳部に入部。中学校２年生の奈良県大会では、バタフライ、背泳ぎ、平泳ぎ、自由形をひとりで泳ぐ個人メドレーの競技でいちばんになったこともありました。

もちろん高校でも水泳を続けるつもりでした。新しくできた奈良県立香芝高等学校に、はじめての１年生として入学。水泳部をつくろうとやる気満まんだったのですが、学校に、プールがないことが入学してからわかりました。

しかたがないので、サッカー部をつくることにしました。走ることに自信があったし、その当時夢中になっていたのがサッカーだったからです。さっそく部員集めをはじめ、それからは毎日ボールを追いかける日々でした。

プールがないと知ったときは、ほんとうにがっかりしたんだ。結局、いつまでたってもプールはつくられなくて……。ぼくが高校に入ったのは30年以上前。今でもまだ、プールはないみたいだよ。でも、ぼくがつくったサッカー部は、全国大会に出るくらいに強くなったんだ！

修学旅行のバスのなかで（写真右が本人）

はじめての１年生として入学した香芝高等学校正門

世界で活躍するデザイナーになりたい！ けれど……

卒業が近づき、進路を決めるときが来ました。ファッションデザイナーになりたかったわたしは、フランスのパリへ行くことにあこがれていました。いちから何かをつくること、「パリコレクション」ということばや、海外へ行くことがなんとなくかっこよく思えたのです。でも、フランス語なんて話せない。せめて世界の共通語である英語だけでも話せれば……。が、英語はとくに苦手な教科でした。

テストはいつも落第点、外国人の先生を見るだけで緊張して、“Hello!” もいえませんでした。苦手なところを見せるのがかっこわるい、と思う心のなかの自分がじゃまをして、授業にもすすんで参加することができませんでした。結局、日本にいてもできるデザインの仕事は何か、と考えて建築士になろうと決めたのです。

「パリ」ってかっこいい！ と思って、海外に行きたいと思っていたんだ。自分の目標が見えたときに、はじめて英語が苦手で、それまで、何も努力してこなかったことを後悔したんだ。

人生が変わった18歳

事故から自分を救ってくれた友情

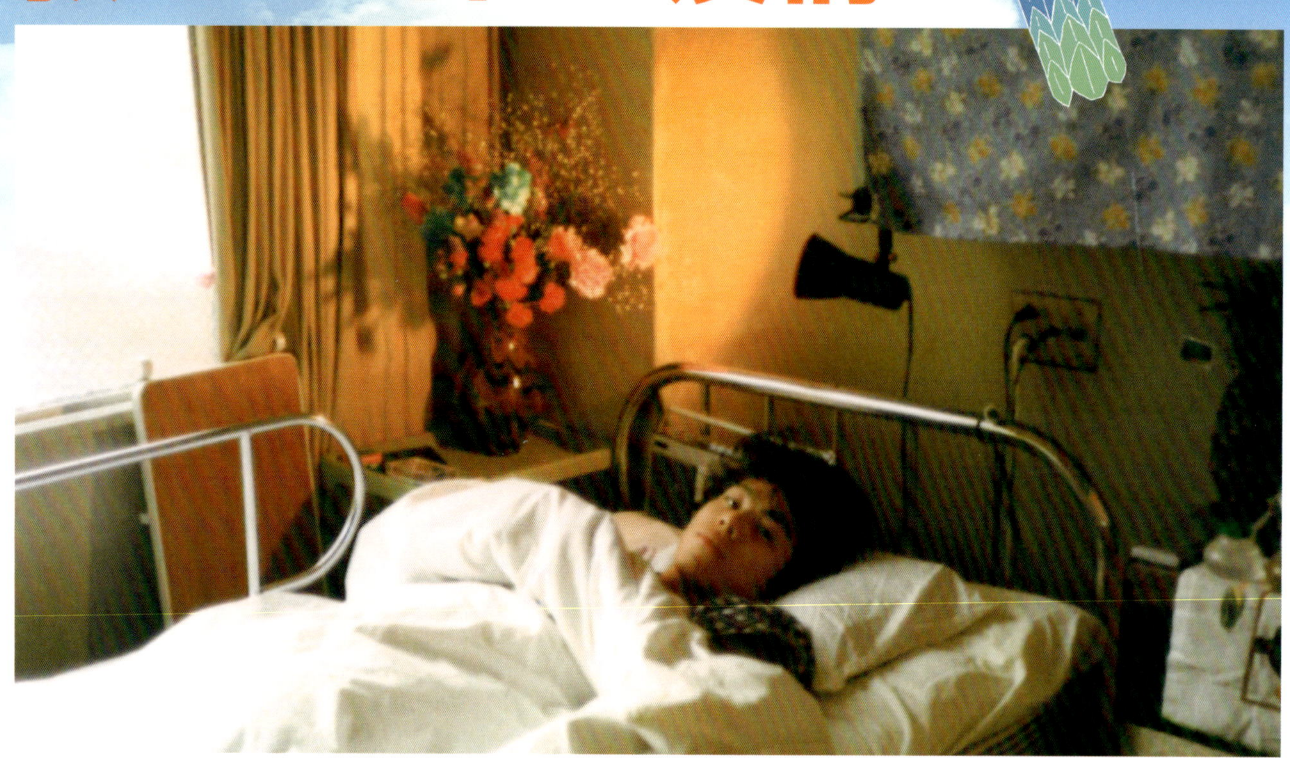

不安な気持ちにおしつぶされそうだった入院生活

「もう自分の足で走れない」

進学という進路も決まっていた高校３年生のとき、交通事故にあいました。「生きているのが奇跡」といわれるほどの大きな事故で、脊髄という体のたいせつな部分をきずつけてしまい、両足が動かなくなってしまったのです。病院のベッドのうえで、いつになったら痛みがなくなって、もとどおりに歩けるのかと、毎日考えていました。

入院して２か月くらいしたときに、父が、
「おまえの両足は、もう二度と動かないんだ」
と教えてくれました。足が動かなければ、歩くことも走ることも、大好きなスポーツもできません。わたしも父も、たくさん泣きました。

しかし、いちばんつらかったのは、この先、車いすに乗って生活をしなければならないことでした。当時のわたしには車いすなんてかっこわるい、という気持ちがあったのです。みんなと同じように歩けないのは、恥ずかしいことのように思いました。もう、楽しいことなんてなんにもない。わたしは、悲しくて、恥ずかしくて、たまりませんでした。

自分のことは自分でやるということ

入院中は友だちが、毎日おみまいに来てくれました。みんなやさしくて、わたしにもあまえがありました。

鈴鹿サーキットへオートバイのレースを見にいこうとさそわれたことがありました。山道を移動しながらの参観で、わたしもつかれてしまい、背負ってくれていた友だちの背中で、体の力をぬいてしまいました。するととつぜん、友だちが、

「おまえなぁ、足がだめでも、手はつかえるだろ！ だったらしっかりつかまれ！ おれが一生おまえを背負っていくことは、できないんだぞ！」とさけんだのです。その顔はまっ赤で、なみだをぼろぼろ流しています。

いつかはおまえもひとりで生きていかなければいけない。だから、今のうちから自分でできることは、自分でやれと、教えてくれたのです。わたしは自分のまちがいに気がつきました。恥ずかしさと、それをはっきりと伝えてくれた友だちの気持ちがうれしくて、わんわん泣きました。

出会った人と友だちになる！

じつは彼らは、「今日はおれが病院に行く。明日はおまえ」とカレンダーに印をつけ、毎日必ずだれかが、おみまいに来てくれるようにしていたそうです。将来はわたしの家のそばに住み、交代でわたしの世話をすることまで、話しあっていたみたいです。

そして、あまったれのわたしを、泣きながらしかってくれました。事故のあとどうしていいか、だれもわからないままでしたが、みんながあたたかく見守ってくれたおかげでがんばることができ、わたしたちの友情はふかまっていきました。友人たちのおかげで、つらい入院生活を乗りこえることができたのです。

今、わたしは、「出会った人と友だちになりたい」、「『つながりの環』を広げ、世界中の人と友だちになりたい」という目標をかかげています。そのきっかけのひとつには、このころの友人たちとの思い出があります。

もてる？ ただで海外？

車いすバスケットボールと出会えて変わった人生

じつはその車いすの男の人は、ぼくより前に、同じ病院に入院していた先輩だったんだ。スポーツ万能だった高校生が入院していると聞いて、スカウトに来てくれたんだと、あとでわかったよ。いっしょにかわいい女子マネージャーも来ていたんだけど、それもぼくを入部させるための作戦だったのかもしれないね。

がんばれば海外へ？

病院に入院して半年が過ぎ、体をすこしずつ動かす練習をはじめていたころでした。車いすに乗った知らない男の人がシューッと病室にやって来て、

「車いすバスケ、してみない？」

と聞いてきました。

いきなりそういわれても、はぁ……という気持ちでした。そもそもわたしは、バスケットボールに興味はありませんでした。それでも、車いすバスケットボールについて楽しそうに話すその人の目は、キラキラと輝いていました。そしてわたしに、

「車いすバスケをがんばれば、ただで海外に行ける！ それに、めちゃくちゃもてるよ！」

といったのです。最後のことばを聞いたとたんに、

「わかりました。バスケやります！」

とこたえていました。

世界へ

全部自分でやる！自由に動く姿に感動

わたしが入部したのは「奈良DEER」という、本気で日本一をめざしているくらい強いチームでした。わたしをさそってくれた先輩が、なぜ輝いて見えるのか、そのひみつが知りたくて、練習を見にいくことにしました。

見学の日には、先輩が車でむかえに来てくれました。運転も、車の乗りおりも、全部自分でやる姿に、おどろきました。

体育館では、みんな車いすを自由に、そしてすばやくコントロールしながら、シュートをばんばん決めています。

「うわぁ、すごい！ この人たちはなんなんだ！ おれといったい何がちがうんだ!? 」

足が動かず人生がおわった、と思っていたわたしには、そこにいるみんながまぶしく見えました。

教えて！根木さん

車いすバスケットボールって？

車いすバスケットボールは、車いすに乗ってプレーするバスケットボールです。

一般のバスケットボールと同じなのは、1チーム5人という人数、コートの広さ、ゴールの高さ。ちがうのは「トラヴェリング」です。ボールをもったまま、車いすの車輪を3回以上まわすとトラヴェリングになります。

また、障がいの程度が異なる選手たちがチームを組んでおこなうため「ポイント制」というルールがあります。

★競技用車いすは軽くてじょうぶなアルミやチタンをつかってつくられています。トップ選手たちがつかう車いすは、選手たちの体に合わせたオーダーメイドです。一般的な車いすにあるひじ置きや、ブレーキなどはついていません。

シート
体の大きさや障がいによって背もたれの高さや角度などを変えます

タイヤ
パンクしてもすぐに交換できるよう、かんたんにつけたりはずしたりできるようになっています

バンパー
足を保護するだけでなく、接触したときに体を守れるように工夫されています

自由がきかない体の全部をつかって

車いすバスケットボールではじめての海外へ

腕を上げるだけでくたくた……！

自分にもこんなことができるだろうか……。ドキドキしながら体育館に入ると、おじさんに声をかけられました。その人は、

「シュートを打ってみなよ」

そういってボールをわたしてくれました。わたしは、ボールを投げたものの、リングまで届きません。半年も寝たきりだったせいで、体が弱ってしまい、腕を上げるだけでも精いっぱいだったのです。

「おれに勝ったら一人前だな！」

なんていわれて、こんなおじさんに負けてたまるか！ バスケットボールがうまくなりたい！ と、ひさしぶりにわたしの負けずぎらいな気持ちがあふれだしました。つらいリハビリも、その日をきっかけにがんばれるようになりましたが、そこからシュートを決めるまでに、なんと半年もかかりました。

つかえる部分は全部つかう

バスケットボールでは、「シュートの基本(きほん)は、ひざのつかいかた」といわれます。でも、わたしたちは、ひざをつかえません。もちろん、リングの高さは一般(いっぱん)のバスケットボールと同じ。それでも慣(な)れればシュートを決められるようになります。

こつは、「体の全部をつかってシュートを打つ」ことです。かんたんにいえば、「つかえる部分をすべてつかう」ということ。たとえばわたしの場合、上半身はつかえます。シュートがぶれないように、背中(せなか)を意識(いしき)してつかいました。

これは車いすバスケットボールだけではなく、障(しょう)がい者のスポーツである「パラスポーツ」すべてにいえることです。そのことがわかってからは、すこしずつシュートが決まるようになり、どんどんおもしろくなりました。

「奈良DEER(ならディアー)」で活躍(かつやく)していたころ

車いすバスケットボールで日本一に はじめてのイギリスへ

24歳(さい)のとき、はじめて海外へ行くことになりました。イギリスのロンドンでおこなわれる、「国際(こくさい)ストークマンデビル競技(きょうぎ)会」に参加するためです。この大会は、障(しょう)がい者が参加する世界最古の国際(こくさい)スポーツ大会で、60年以上前からおこなわれています。パラリンピックの原点といえる、立派(りっぱ)な大会です。

そんな大会にわたしが参加できたのは、「奈良DEER(ならディアー)」が日本一になったからです。わたしはリーダーであり、エース的な役割(やくわり)をもつPG（ポイント・ガード）として、また、ムードメーカーとして、プレーしていました。

国際(こくさい)ストークマンデビル競技(きょうぎ)会は、若(わか)い選手がどれだけ活躍(かつやく)するかを、日本代表チームの監督(かんとく)などが見ている場所でもあります。ここで活躍(かつやく)すれば、日本代表選手に選ばれるかもしれない！ やってやる！ という気持ちでいっぱいでした。

飛行機に乗ったら、そこは外国

「英語をがんばろう」とはじめて思えた

外国の人と友だちになるために準備

ロンドンへ出発する前は、ワクワクしていました。いろいろな国からやってくる選手と、たくさん話をしようと決めていたのです。

国際大会に出たことのある先輩からは、「試合のあとに、ユニフォームを交換するから、何枚ももって行けよ。日本のおみやげもな」と、アドバイスをもらいました。

友だちをつくりたい!! だから英語をがんばる

出発の準備をおわらせると、心配なのは英語だけ。高校生のころの英語の成績はひどいもので、バスケットボールに必要な英語も、“Member change!”（選手交代！）くらいしかわかりません。

すぐさま本屋に行き、「かんたん」とか「はじめての」と書いてあるうすい英会話の本を何冊も買いました。まじめに英語を勉強したのは、それがはじめてです。外国の人と友だちになるという目的ができたから、はじめて英語をがんばってみようと思えたのです。

“Fish or meat?”

生まれてはじめて乗る飛行機では、大変なことばかりでした。今はずいぶんと機内も広くなりましたが、当時は通路もせまく移動が大変でした。

そして、なにより問題は英語です。キャビン・アテンダント（客室乗務員）はすべてイギリス人。飛行機に乗ったとたん、いきなり外国のようでした。わたしのドキドキは、はやくも飛行機のなかからはじまったのです。最初に聞かれたのは、

“Fish or meat?”（魚と肉、どちらになさいますか？）

機内食は、魚と肉のどちらかを選べるのです。このセリフだけは、覚えておくようにいわれていたので、ちゃんと、

“Meat please.”（肉にしてください）

とこたえることができました。

ドキドキのイミグレーション

そしてさらに大変だったのが、イギリスへのイミグレーション（入国審査）です。ここでは、審査官と１対１になり、なんのために入国するのかを英語で話さなければなりません。選手のみんなが、あたふたしています。知っている英語をすべてつかって、

“I am a wheelchair basketball player.”（わたしは車いすバスケットボールの選手です）

“I came to the UK to compete in the International Stoke Mandeville Games.”（ストークマンデビル競技会に出場するために来ました）

などと説明してなんとか乗りきり、はじめての外国に足をふみいれたのでした。

こんな発音では伝わらない！ フライドチキン事件

“Pardon?”と聞かれてばかりの毎日

英語を話さないとごはんも食べられない！

イギリスでは、すべてが日本とちがっていて、とにかく圧倒されました。景色、街からかおるにおい……。慣れない環境に、混乱の連続！ そんななかで、苦手な英語を自分から話さなくては、ごはんを食べることもできません。全部自分から動かなくてはならなかったのです。

教えて！ 根木さん

車いすバスケットボールはどこで生まれたの？

車いすバスケットボールは、アメリカとイギリスで生まれました。第二次世界大戦がおわった1940年代、アメリカでは、戦争で負傷した軍人を中心に、車いすバスケットボールが広まったといわれています。

同じころ、イギリスでも、リハビリテーションのひとつとして、車いすバスケットボールが取りいれられるようになったそうです。

Fifteen? Fifty?

今でもわすれられないのが、「フライドチキン事件」です。チームメイトのみんなと、ファストフード店に食事に行ったときのこと。リーダーとしてかっこいい自分を見せようと、自信満まんに、

“Fifteen chickens, please.”（チキンを15本ください）

といいました。お店の人から、

“Pardon?”（もう１回お願いします）

といわれたので、もう一度、同じようにこたえました。ところがお店の人はなんともおかしな顔をして、

“Just a moment please.”（すこし待っていてください）

というのです。あれ？ 何かまちがえているのかな……と思いながら、お店のとなりの空き地で待っていたら……。そうです、おわかりですよね。50本のチキンが運ばれてきたのです。みんなで顔を見あわせながら、なんとか残さず食べました。

そのときのわたしは、fifteen（15）と、fifty（50）の発音さえうまくできなかったのです。恥ずかしい思い出です。

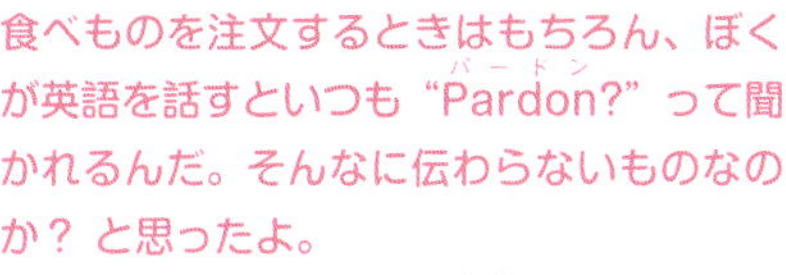

PART 3

世界をめざし、英語を勉強

遠ざかるパラリンピック

日本代表落選、苦しい時期をこえて

テレビでぐうぜん見たアトランタパラリンピック

どうしても出たかった、アトランタパラリンピック

車いすバスケットボールをはじめたときは、コートのなかにいられるだけで満足でした。でも、世界を相手に活躍している先輩たちを見て、わたしも日本の代表選手として、パラリンピックに出るという目標をもつようになりました。

1988年のソウル大会（韓国）、1992年のバルセロナ大会（スペイン）と、連続して代表になれなかったわたしは、1996年のアトランタ大会（アメリカ）に、ぜったいに出るんだ！ と、心に決めました。そのときの年齢は32歳。選ばれる自信がありました。ところが最後の選考会で、またしても代表選手から落ちてしまったのです。

自分を変えてくれたなみだ

アトランタ大会に出られなかったわたしは、パラリンピックがはじまると、テレビも見なくなりました。

ある日、ひさしぶりにつけたテレビの画面に、ぐうぜんにもパラリンピックの開会式がうつしだされていました。車いすバスケットボールの選手たちが、カメラにVサインをしています。彼らはほんとうにかっこよかったです。その姿を見たわたしは、大声で泣きました。くやしかったからではありません。夢をかなえた人たちへの、感動のなみだです。

そして、彼らを美しいと思えたことに対する感謝のなみだでもありました。

「パラリンピックに出ます！決めたんです」

わたしは、4年後にオーストラリアでおこなわれる、シドニーパラリンピックには、ぜったいに出る！ と決めました。

そして、日本に帰ってきたアトランタ大会の監督に電話をして、

「次のパラリンピックに出ることにしました。ぜったいに出ます！ もう決めたんです！」

と宣言したのです。

4年後に自分が選ばれるかなんて、もちろんわかりません。でも、必ずパラリンピックに出るんだ！ と心に決めたわたしは、覚悟を決めて、再スタートを切ったのです。

ライバルは仲間

シドニーパラリンピックに出ると決めてからは、それまでの何倍も練習をしました。夢をかなえるためと思えばつらくないし、むしろ楽しくてしかたがありませんでした。

そしてむかえた、日本代表を決める選考合宿。以前のわたしだったら、ほかの選手は、みんなライバル。でも今回はちがいました。つらそうな人がいれば、

「だいじょうぶ？」

と声をかけ、練習以外でも、積極的にみんなに話しかけるようになりました。選ばれた人は、選ばれなかった人の思いも背負って戦う。ここにいる全員が、ひとつの目標にむかう仲間なんだ。そう思えるようになれたのです。

▽全国障害者スポーツ大会にも出場

△1997年のアメリカ、ラスベガス遠征

外国に現地集合だってこわくない

もっと英語でコミュニケーションを取る力を！

日本代表選抜メンバーと記念撮影（左から6人目が本人）

英語が通じたら、もっと話したくなった

新しい目標ができてから、海外へ試合に行くことが増えました。そのうちに、気がつけばひとりでも飛行機に乗れて、マネージャーがいなくても外国の会場に行くことができるようになっていました。試合がおわれば、

「じゃあ、また会おう。バイバイ！」

なんていいながら、ひとりで飛行機に乗ります。

英語も、すこしずつ話せるようになるのを感じました。自分は英語を話せると思いこむことで、自然と英語を話すようになりました。

それまでのわたしは、外国の選手と会話ができませんでした。おしゃべりのわたしが、英語だと無口になって、そのストレスがプレーに影響していました。

でも、パラリンピックに出るなら「英語が苦手」なんていってはいられません。自分の夢にむけて必死で覚えるし、話そうとする。そして、すこしでもことばが通じるとうれしくて、もっと話したくなっていきました。

外国人の親友の存在が英語への意識を高めた

わたしには外国にたいせつな親友がいます。フランス代表選手のジョドゥーです。遠征の合間に知りあいました。

ジョドゥーはふだん、フランス語を話していたので、コミュニケーションの手段は、おたがいかたことの英語です。それでも試合で会えば、だれよりも先にわたしを見つけてくれて、

“How have you been?”（元気だったか？）
“Are you feeling OK?”（調子はどう？）
“I'm fine. Thank you.”（元気だよ。ありがとう）

などといい、がちっとハグしてくれます。思いを伝えたい、その気持ちがあれば、かたことの英語でも十分なんです。

彼のおかげで、もっと英語を話せるようになりたい！ と思えたのかもしれません。

△ジョドゥー選手とは、気軽につきあえる仲。海外で会えるのを楽しみにしていた

はじめてイギリスに行ったときには、自分がひとりで外国に行き、帰ってこられるようになるなんて、想像もできなかったよ。このころになって、自分の行動力に自信がついた気がしたんだ。

教えて！根木さん

海外に行くにはお金が必要

わたしが現役のころは、海外への遠征にかかる飛行機代やホテルの滞在費は、自分で出していました。費用をもらえるのは、世界選手権大会や、パラリンピックの本戦だけ。先輩はわたしに「ただで海外に行ける」といいましたが、じつはほとんど自分のお金でした。

プロのスポーツ選手ではないわたしたちは、昼間は会社で働いています。海外に行く飛行機代などをためるためにも、仕事をがんばらなくてはいけません。

でも、仕事をがんばりすぎると、練習をする時間はすくなくなります。仕事と練習、どちらも同じくらいたいせつですから、どちらも全力でやらなければなりません。ことばにするとかんたんですが、これはとても大変なことです。夢をかなえるためには、むずかしいことでもがんばりぬく、強い気持ちが必要なのです。

"My News" を極めたい！

「日本代表」として英語を学ぶ

2000年アメリカシカゴ車いすバスケットボール全米選手権

大会スタッフといっしょに

More study! More English!

試合に勝つためにも、海外の選手からいろいろなことを学びたい。そして、わたしの考えていることを伝えたい。そのためには、英語が必要だと気づきました。それからは、英語が苦手という思いこみを捨てて、いっそう勉強に取りくみました。外国人選手と目が合えば、

"Good shot."（すごいシュートだね）

などと、脳みそをふりしぼってでも、自分が知っている単語をつかって、気持ちを伝えようとしました。

海外の選手からバスケットボールを学ぶために、もっと英語を聞きとりたい、もっと英語を話したいと思うようになりました。

英会話学校でまじめに勉強！

昼間は会社で働いていましたが、仕事がおわってから、英会話学校にも通うことにしました。クラス分けのテストの結果、わたしの英語力は「レベル7」。いちばん下のクラスでした。

効率よく学ぶために、1対1の個人レッスンを選びました。授業で好きだったのは、最初の10分で自由に先生と話す“My News”の時間です。テキストにそっての会話ではなく、自分のことを話題にするので、授業の前に単語をたくさん調べ、発音を一生懸命練習しました。ある日先生に、

“I had a game against the Australian national team.”（先生の国のチームと車いすバスケの試合をしたよ）

と話したら、

“Are you Japan national team member? It's so amazing! ”（もしかして根木は日本代表選手なのか？ すばらしい！）

と大さわぎになったこともあります。

車いすバスケットボールのこと、海外のこと。自分の好きなことなら、がんばって伝えようと思えます。学校できちんと学んだことで、その後の英語のコミュニケーションが取りやすくなったのだと思います。

英会話学校に通った期間は1年ほど。伝えたいことをことばにするという経験は、シドニーパラリンピックや、その後の講演活動にもいかすことができたんだ。

教えて！根木さん

バスケットボールでつかう英語を教えて

バスケットボールに関する英語はたくさんあるよ。部活動でバスケットボールをしている人なら知ってるものもあるかな？ ぜひ覚えてつかってみてね。

assist
フィールドゴールシュート（フリースロー以外のシュート）が成功した味方へのラストパス。

clutch shot
勝敗を決定するたいせつな場面で放つシュート。

dunk
リングのうえから、ボールをたたきこむシュート。“slam”や“jam”などともよばれる。

free throw
ファウルなどに対するペナルティとして、相手に与えられるシュート。フリースローラインからシュートし、入れば1点もらえる。“foul shot”ともいう。

hoop
「輪」という意味で、バスケットボールでは、ゴールのリングのことをいう。また、バスケットボールそのもののこと。「バスケットボールをする」といいたいときに“play hoop”などとつかう。

さらなる飛躍をめざして

アメリカ留学でもらった“Excellent!”のシャワー

一大決心！ 短期留学

シドニーパラリンピックがおこなわれる半年前に、おもいきって仕事をやめました。ニュージーランドでパラリンピックの予選大会がありましたし、それがおわれば本戦です。働いていた時間を練習にあてようと思ったからです。

ニュージーランドでは、同じ車いすバスケットボール選手の及川晋平さんと会いました。わたしが仕事をやめたことを話すと、

「じつはぼく、アメリカに行ってマイク・フログリーに指導を受けるんです。いっしょに行きませんか？」

とさそわれたのです。マイクは、カナダ代表チームを２大会連続でパラリンピック優勝にみちびいた名コーチ。いっしょに行くことに決めました。

△ 及川晋平選手（現・車いすバスケットボール日本代表チームヘッドコーチ）（写真左）と

「アメリカに行ってもいい？」

アメリカ行きは、予選大会がおわった2日後。わたしは日本にいる妻に電話をかけました。

「アメリカに行ってもいい？」

「いいよ」

これだけでした。妻は、わたしの行動をいつも許してくれました。アトランタ大会の代表に選ばれず、ふてくされていたときも、いつも通りに支えてくれました。

もう一度パラリンピックをめざすと決めたときも、仕事をやめたときも、いつだって「いいよ」、それがどれだけ大変なことか全部わかっていても、「いいよ」なんです。

わたしが夢を追いかけられたのは、支えてくれる家族のおかげでした。それは今も変わりません。

イリノイ大学でマイクコーチの指導を受けた

うれしかった！ “Excellent!” のシャワー

マイクコーチの指導は、アメリカのイリノイ大学で受けました。そこで経験したことが、わたしの考え方を大きく変えることになります。マイクコーチがたいせつにしていたのは、相手をほめることでした。シュートをはずしても、必ず、

“Excellent!”（すばらしい！）

といってくれます。

そのうえで、もっとよくなるために、どうするかを教えてくれるんです。

“Excellent! Excellent!”

と「ほめことばのシャワー」を浴びつづけて、すっかり気持ちがよくなりました。そして、今日できないことがあっても、できないことに気づいて、じゃあ明日からどうする？ と考えればいい。それがたいせつだと、マイクコーチから教えられたのです。

マイクコーチの指導で、考え方が大きく変わった

だれだってほめられるとうれしいでしょ。ぼくもすごくうれしかったんだ。だから仲間にも“Excellent!”（すばらしい！）ってよくいってたよ。

英語づけのイリノイ大学

自分で学ぶからわかる わかるから楽しい！ 英語の指導

当時、イリノイ大学の車いすバスケットボールチームヘッドコーチだったマイクコーチの指導風景

“Ask anything! ”

マイクコーチから受けた指導で、いちばん心に残ったフレーズは、

“Ask anything! ”（なんでも質問して！）

というものです。

日本人は、わからないことがあっても、あまり質問をしません。自分だけ目立ってしまう、へんな質問をして、笑われたらどうしようなどと頭のなかだけでグルグル考えてしまいます。

恥ずかしいという気持ちがじゃまをするのです。でもそれだと、ずっとわからないまま。海外の人は、わからないことはすぐに質問します。むしろ、質問がないと、話を聞いていなかったの？ と思われてしまうくらいです。

わたしがマイクコーチから教わったたいせつなことのひとつが、わからなければ、わからないといいなさいということでした。

試合会場にむかう移動中のバスのなかで

イリノイ大学のトレーニングルームにて

自力で学ぶと英語もワクワク

マイクコーチの指導は、すべて英語です。聞きとれないことばもたくさんありました。そんなときは、配られる資料をあとから読みなおし、辞書をひいて単語のひとつひとつを調べました。通訳の人に聞いたり、英語ができる人に教えてもらったりするよりも、ずっと力になりました。

“Go for it!”（シュートを打て！）

といわれれば自分で調べます。あのときマイクコーチは、こんなことをいっていたんだ、とわかると、ワクワクします。ワクワクしながらやることで、どんどん上達しますし、頭に残りました。それは、車いすバスケットボールの練習のときの（成長しているな）という感覚と同じものでした。努力したぶんだけ、力になったのです。

魔法のことば“Basic!”

わたしたちは仲間同士でいつも、

“Basic!”（基本にかえろう！）

と声をかけあいます。そのまま訳すと「基本」ですが、マイクコーチの教えのなかでは、それだけではありません。一般的なバスケットボールではあたりまえの動作でも、車いすに乗っているとむずかしいことが、たくさんあります。自由がきかないぶん、この角度で守れば、どんなときも相手を止められるということを考えなければなりません。そんなポイントをまとめた練習方法が、マイクコーチによってつくられました。

それをヒントに、どう動けばいいのか、ひとつひとつを考えていくことがたいせつなのです。

プレーが白熱してくると、つい自分の役割があやふやになります。そこで、

“Basic!”

と声をかけることで、落ちつきを取りもどし、基本にかえることができるのです。いいプレーができる、魔法のようなことばです。

夢にまで見たパラリンピックの舞台で

ついに来た！

念願のパラリンピック出場へ

夢がかなうまで16年……！

2000年、ついにわたしは、シドニーパラリンピックに出場することができました。自分のなかで「決まっていたこと」とはいえ、代表選手に選ばれたときは、ほんとうにうれしかったです。

さらに、チームのキャプテンまで任せてもらえることになりました。キャプテンに選ばれた理由は、ベテラン選手であることに加えて、だれよりもはやく、シドニー大会にむけた練習をはじめたこと、マイクコーチのもとで学んだことで、チームのなかでの自分の役割を考えられるようになったこと、英語を一生懸命勉強したことなど、すべてのがんばりが評価されたからだと思います。

そのとき、わたしは36歳でした。20歳のときに車いすバスケットボールをはじめてから、16年もかかってしまいました。それでも、夢はかなったのです。

結果は9位とメダルには届きませんでしたが、最高の仲間たちといっしょに、ひとつの目標を達成し、やりきった気持ちでいっぱいでした。

教えて！根木さん

パラリンピックって何？

パラリンピックは、障がいのある人を対象とした、もうひとつのオリンピックです。4年に一度、オリンピック競技大会の終了直後に同じ場所で開催されています。もともとは、リハビリテーションなどを目的としたスポーツの大会だったパラリンピックですが、現在はアスリートによる競技スポーツの大会へと発展しています。

わたしにとって、パラリンピックとは、自分を表現できる場所、人間の可能性を伝えられる場所、そしてそこにいる自分に誇りをもてる最高の場所です。

PART 4

世界中の人と友だちになる

必要なのは恥ずかしいという気持ちを捨てること

パラリンピックを経験して

スポーツで世界はひとつ

わたしはシドニーパラリンピックに出場し、いろいろな国の選手たちと出会いました。すこしずつでもみんなと英語で話すことができて、同じ夢をもっている者同士の一体感を感じました。パラリンピックを経験して、スポーツには国やことばのちがいをこえて友だちになれる力が、そしてひとつになれる力があるんだと気がついたのです。

この発見が「英語をつかって世界中の人と友だちになりたい」という新しい目標をもつきっかけになりました。

パラリンピックがおわったあと、次は支える側として、自分に何ができるのか、考えるようにもなりました。スポーツの力で日本を、世界をもりあげていきたいと思ったのです。

ために

声をかけることはすばらしいこと

世界中の人と友だちになるためにたいせつなこと。それは恥ずかしさを捨てることです。

たとえば、信号待ちをしているときに、大きな荷物をもった障がい者がいるとします。

みなさんは、

「手伝いましょうか？」

と声をかけられますか？

「声をかけられる！」

とこたえられる人は、そんなには多くないと思います。声をかけることが正しいとわかっているのに、なぜできないのでしょう。

その理由のひとつが、恥ずかしいという気持ちです。恥ずかしいから、逆に失礼かもしれない、助けを必要としていないかもしれないからと、やらないための理由をさがしてしまいます。でも海外の人たちは、恥ずかしいとは思いません。自分でできることは自分でやる。できないことはまわりが助ける。それがとうぜんだと考えているのです。声をかけて、手助けすることは、すばらしいこと。そのすばらしいことをするのは、決して恥ずかしいことではありません。

何度も海外へ行き、ちがう国の人たちとふれあうなかで、日本人に必要なのは、この恥ずかしいという気持ちをなくすことだ、と思うようになりました。

「外国人だから」、「車いすだから」は関係ない!

だれもがちがいを認めて すてきに輝く社会に

ちがいを認めて公平に

アメリカのシカゴに海外遠征に行ったとき、こんなことがありました。練習が休みだったある日、ドーナツを買いにいったときのことです。どんなドーナツがあるのか見ようとケースに近づいたら、店員さんから、

"Line up!"(ちゃんとならべ！)

としかられました。

でもわたしの順番が来たら、車いすでは見えない高さにあるドーナツをケースから取りだし、ならべて見せてくれたのです。

日本では、車いすで店に行くと、先頭に入れてくれることがよくあります。しかし海外では、車いすでも、列にならばなければいけないのは、みんなと同じです。そのうえで、できないことには手をかしてくれます。

やらなきゃ！とルールのように考えてしまう日本、自然に障がい者をサポートする意識が根づいている海外。大きなちがいだと感じました。

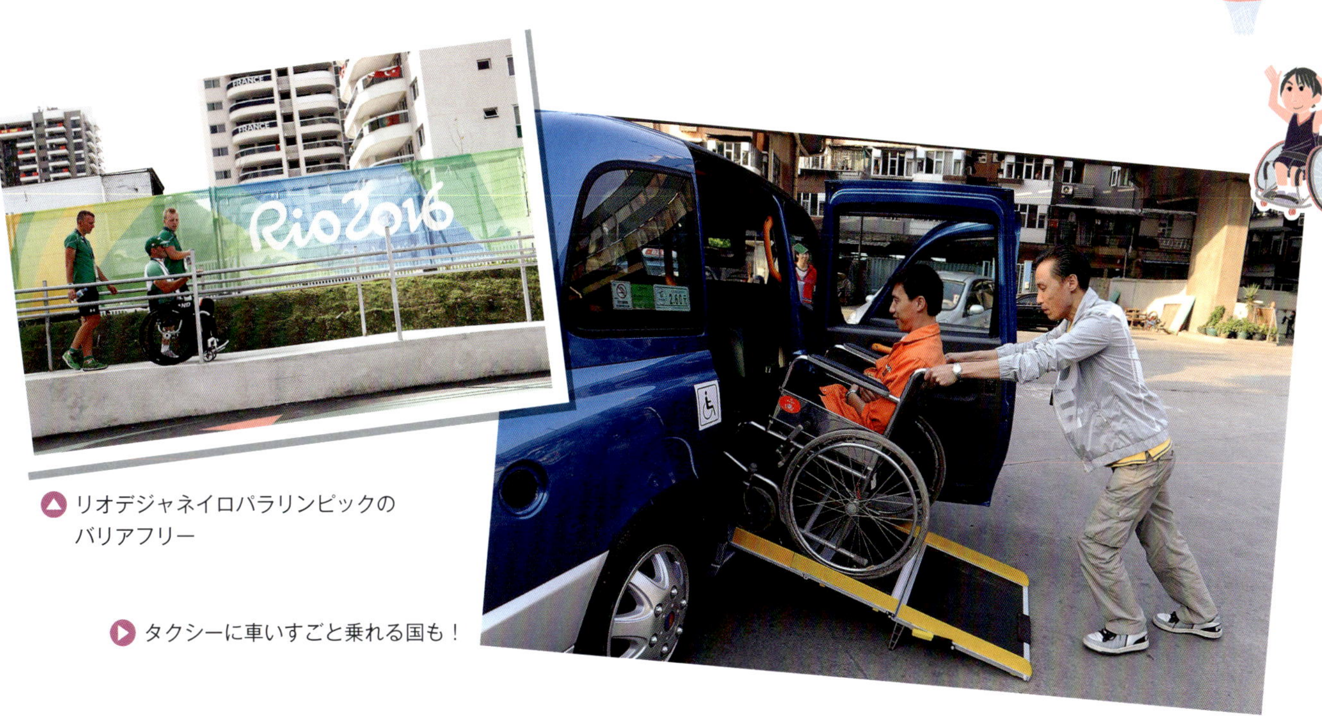

リオデジャネイロパラリンピックのバリアフリー

タクシーに車いすごと乗れる国も！

「自然」に声をかけられるように

高齢者や障がいのある人が生活し、行動するときに、さまたげになるものを取りのぞく「バリアフリー」がととのっているかどうかということでは、東京はかなり進んでいます。段差がある場所には、車いすが通れるようにスロープがついているし、駅員の対応は世界でもトップレベルです。

けれど、ふしぎなことに海外の方がストレスを感じません。車いすごとタクシーに乗れる国もあれば、車いす用のスペースが広いバスのある国などもありますが、何よりもたいせつなのは「気持ち」です。段差の前で困っていれば、だれかが自然に声をかけてくれるのです。

残念ながら、まだ日本では「声をかける」ことそのものが自然ではないと感じることもあります。だれもが自然に声をかけられるようになれば、日本でも、ストレスを感じなくなるのではないかなと思います。

教えて！根木さん

手伝うのはあたりまえ

2016年に開催されたリオデジャネイロオリンピック・パラリンピック。開催前は、リオデジャネイロで起こる犯罪のニュースが、日本でたくさん流れていたので、視察におとずれるときはすこし緊張していました。

満員電車に乗ったときのこと。あまりの人の多さに、わたしは降りられるのかとふと不安になりました。ですが、駅に着くと、ドアのまわりにいた人たちがみんなそろって、わたしが降りやすいように空間をあけて、手伝ってくれたのです。みんなそれがあたりまえのように自然でした。

“Can you help me? ”（手伝ってもらえませんか？）

という必要もありませんでした。

たいせつにしている「つながりの環」

出会った人と友だちになるために

仲間の環

わたしは出会った人と友だちになるために、三つの「つながりの環」をたいせつにしています。

ひとつめは、「みんなでひとつの目標をもつ」という意味の環です。同じ目標をもつことでみんながひとつにつながる環。パラリンピックをめざしたとき、出場したとき、いつでも自分と同じ目標をもつ仲間がいました。戦う相手も、試合がおわれば、1位をめざして共に戦った仲間です。

英語は仲間を増やすことのできる、たいせつな道具です。日本の選手だけでなく、海外の選手とことばの壁を乗りこえてコミュニケーションを取ることが、友だちになるいちばんの近道です。

みんなのTokyo 2020 5 Years to GO!! 2015.8.25

▲東京パラリンピックまであと5年という日におこなわれたイベントで

イベントでは車いすバスケットボールの体験会もおこなわれた

“Away”と“Home”のつながりの環

ふたつめの「環」は、“Home”（日本）と“Away”（海外）のつながりです。

日本代表チームのリーダーとして、チームをまとめることもとてもたいせつですが、わたしは海外遠征に行ったときは、あえてひとりで行動するようにしていました。海外に行き、英語を話せず不便さを感じる。話さなくては何も解決できない環境が、自分をふるいたたせてくれるからです。

自分の気持ちが英語で伝わった瞬間、どの国に行っても、そこは“Away”（慣れない環境）ではなく“Home”（過ごしやすい環境）になり、おとずれた国とつながることができるのです。そしてストレスもなくなり、バスケットボールの練習にも集中することができたのです。

みんながいっしょにプレーする環

三つめの「環」は、公平にプレーできるスポーツマンシップの「環」です。スポーツは勝つことだけがたいせつなのではありません。うまい、へたは関係なく、相手をリスペクト（尊敬）しながら楽しむことができるのです。

車いすバスケットボールは、独特のルールをのぞけば、障がいがあってもなくても、いっしょにつながってプレーできる数すくない競技です。わたしは車いすバスケットボールを通して、これまでの経験でえた「本物の感動」を伝えていきたいと思っています。

世界中の人と友だちになりたい

英語は思いを伝える魔法

みんなにも会いにいきたいな！

わたしは今、日本各地の小学校をまわって車いすバスケットボールをいっしょに楽しむ「あすチャレ！スクール」という活動をしています。

夢にむかってがんばっているパラアスリートたちを見て、チャレンジすることのすばらしさを知ってもらうという目的があります。車いすでこえられない段差は、手伝ってくれる人がいれば乗りこえられます。みんなが行動してくれれば、世界から「障がい」をなくせることをお話ししているのです。障がいのある人もない人も、同じように可能性をもっています。それを感じて、ひとりひとりに自分だけの夢や目標を見つけてほしいのです。

講演会では全国の小学校をまわる

今でも続ける英語の勉強

わたしは、今も英語の勉強を続けています。「世界中の人と友だちになる」という夢があるからです。その夢をかなえるために、やっぱり英語が必要だと思ったのが、青森県三沢のアメリカ軍の基地にある小・中学校で体験型授業をしたときでした。子どもたちは、もちろんみんなアメリカ人です。それまではコミュニケーションを取るための短いやりとりなら、問題なく通じていました。でもおおぜいの人を前に、順序だてて、長い時間話すことはすこし不安でした。それでもわたしの英語が、どうにか通じました。通訳の人に助けてもらい、ときには「……」という反応もあったけれど、みんな笑顔で理解しようとしてくれました。しかし、だからこそもっと英語が話せたら、もっと理解しあえるのに！ という気持ちが強くなりました。

自分の思いがほかの人に伝わるとてもうれしいです。世界のほとんどの国で通用する英語を話せれば、自分の思いは日本だけでなく世界中に広がります。そうしたらもっとうれしいし、みなさんにも「つながりの環」が生まれるのです。

夢をかなえるために、わたしもまだまだ英語の勉強をがんばらなくてはいけません。人生はずっと勉強です！

近づく2020年東京オリンピック・パラリンピック

世界中の人に英語で気持ちの

「おもてなし」を

英語で気持ちを伝えよう

わたしは東京2020オリンピック・パラリンピック招致委員会のアスリート委員として、イベントに参加していました。東京開催が決まった瞬間の興奮は、それまでに感じたことのないものでした。

2020年には東京にも、世界中から選手や観客がやって来ます。タクシーの運転手さんのなかには、そのときのために英語の勉強をはじめた人がたくさんいるという話も聞きました。

みんなで、精いっぱいの「おもてなし」をしましょう。むずかしいことはありません。あいさつでも、道案内でも、なんでもいいから英語のフレーズをひとつ覚えて、話しかけてみてください。きっと伝わります。そうしたら、あなたも相手もうれしくなります。

わたしが海外で困っているとき、

“Can I help you? ”（手伝おうか？）

といわれて安心できたように、道で知らない人から、

“How are you?”（元気？）

とあいさつされるだけでうれしかったように、同じ心地よさを東京に来る人たちにも味わってほしいと思っています。

東京開催が決まった瞬間はほんとうにうれしかったよ。“TOKYO” のコールを聞いたときの興奮は一生わすれられないな。

東京オリンピック開催決定の知らせにもりあがった駒沢オリンピック公園のパブリックビューイング

「できないことは、かっこわるくない」

根木慎志さんからのメッセージ

わたしがみなさんにいちばん伝えたいことは「できないのは、かっこわるいことじゃない」ということです。かっこわるいのは、あきらめてしまうこと、そこからにげてしまうことです。

「できなくても、一生懸命がんばる！」

それが、いちばんかっこいいのです。

なんてえらそうにいっているわたしも、はじめは車いすが恥ずかしくてしかたがありませんでした。

そんなわたしを変えてくれたのが、車いすバスケットボールです。「人生がおわった」と思っていたわたしに、キラキラとまぶしい夢を与えてくれました。

夢があれば、人はがんばれます。パラリンピックに出場するという夢があったからこそ、わたしは英語をがんばれました。中学校・高校のときは英語の成績がひどかったわたしが、英会話の本を買って勉強し、英会話学校にも通いました。「英語が苦手」という思いこみを捨て、知っている単語を精いっぱいつかって外国の選手に話しかけられるようになりました。そして、ふと気がつけば、英語が楽しくなっていたのです。苦手なものに挑戦し、壁を乗りこえたとき、「苦手」が「好き」に変わりました。

英語の勉強についてわたしがアドバイスできることは、たったひとつだけ。みなさんも、「英語を話せるようになったら、こんなことをしたい」という夢を見つけてください。英語を、夢をかなえるための手段にしてしまうのです。その夢が、勉強を続ける力となり、くじけそうな心を、はげましてくれます。

わたしは今、「世界中の人と友だちになる」という新しい夢にむかって英語の勉強を続けています。もしみなさんが、この本をきっかけに、夢にむかってチャレンジしてくれたらうれしいです。さあ、今日からスタートです！

根木慎志

GL7

教えて！根木さん

心に残っている英語のことばは何？

試合前にみんなで口にしたことば

“We are one.”

（わたしたちの気持ちはひとつだ！）

わたしの生涯のテーマは「出会った人と友だちになる」です。みんながひとつになれば、おたがいちがいを認めあい、すてきに輝ける社会をつくれるのです。試合前にも、チームメイトと、このことばを口に出しあってモチベーションを上げました。

目標を見うしなったときに思いだしたことば

“Dreams come true.”

（夢はかなう）

事故にあい、入院していたとき。先のことを考えることができず、夢や目標をもてないことが、こんなにつらいのか、と思ったものです。そんな経験から、だれもが夢をもち、実現してほしいと願っています。

不可能を可能にする魔法のことば

"Miracles happen everyday!"

（奇跡は毎日起きる！）

奇跡はかならず起きる、そう信じることがたいせつです。シドニーパラリンピック出場という新たな目標をたててからは、毎日つぶやいていました。

心に残ることば

"Dream as one."

（心をひとつに夢にむかって生きていく）

わたしの友人であるアーティスト、サラ・オレインさんの曲のタイトルです。「人種や性別、文化や言語のちがいを尊重しあい、世界のみんなが一体となって大きな夢にむかおう」そんな思いで書きあげられた曲に共感しています。障がいにも同じことがいえるんだ、とあらためて思えることばです。

いつも思いうかべることば

"All you need is love."

（愛こそすべて）

わたしが選ぶ道に、何もいわずついてきてくれた家族への感謝の気持ち。「愛があればすべてがかなう」今でもそう思っています。

現在の活動のヒントとなっていることば

"Pay it forward."

（恩を送る）

恩を送るとは、だれかから受けた恩を、直接その人に返すのではなく、別の人に送ること。そうして恩を広げていく考え方は、今わたしがおこなっている活動のヒントにすることもあります。

著者 根木慎志（ねぎしんじ）

1964年岡山県生まれ。高校3年生のとき、交通事故で脊髄を損傷。以後、車いすでの生活となるが知人のすすめで車いすバスケットボールに出会う。2000年シドニーパラリンピックでは男子車いすバスケットボール日本代表キャプテンをつとめる。現役時代から「出会った人みんなと友だちになる」というライフテーマをモットーに全国各地の小中高等学校をおとずれ、講演やパラスポーツ体験授業をおこなってきた。現在はこれまでの経験をいかし「あすチャレ! スクール」の講師として全国各地で授業をおこなう。日本パラリンピック委員会運営委員もつとめる。

シリーズ総合監修 横山 匡（よこやま ただし）

1958年 東京都生まれ。中学校時代をイタリア、高校・大学時代をアメリカで過ごす。UCLA 言語学部卒。大学在学中には日本人初の NCAA バスケットボールチームヘッドマネージャーとして全米に遠征。1983 年卒業後帰国。以来、語学指導、留学指導に携わる。1998 年より現職に移り現在はアゴス・ジャパン代表取締役。主な社外活動に HLAB 共同創立者兼ヘッドコーチ、株式会社ワーク・ライフバランス アドバイザーなどがある。

編集
ナイスク（http://naisg.com）
松尾里央　高作真紀　三東有紀　鈴木英里子

装丁•本文フォーマット•デザイン
FLAMINGO STUDIO, INC.
栄山博貴

イラスト
我妻由識

編集協力
しろくま事務所 菊地貴広　アドアージュ

校閲
山川稚子

撮影
中川文作

DTP
高 八重子

画像協力
根木慎志　蔦野 裕　アマナイメージズ
フォート・キシモト　エックスワン
NPO法人Jキャンプ 伊藤真吾

参考文献•参考資料•参考URL

http://adapted-sports.blog.eonet.jp/
http://www.challengers.tv/seijun/2011/05/1166.html
https://www.tokyoheadline.com/
https://www.parasapo.tokyo/
http://www.athlete-network.jp/
http://www.jwbf.gr.jp/
http://www.jsad.or.jp/paralympic/jpc/
http://www.jsad.or.jp/
http://www.metro.tokyo.jp/INET/OSHIRASE/2013/08/20n85301.htm
https://www.tokyoheadline.com/
http://www.pref.nara.jp/44332.htm
http://www.ninomiyasports.com/archives/63261
http://naradeer.web.fc2.com/
http://www.nikkansports.com/sports/news/1630148.html
http://www.nikkei.com/article/DGXMZO92553750X01C15A0000000/
http://www.jsad.or.jp/about/referenceroom_data/competition-guide_05.pdf#search=%27
http://www.jwbf.gr.jp/rule/
http://www.ssf.or.jp/Portals/0/resources/academy/2014/pdf/academy04.pdf#search=%27
http://www.challenge-support.com/athlete_interviews/int08/
http://www.para-athlete.tokyo/
http://jaafd.org/contents/code/secretariat

「英語」で夢を追うアスリート
❺世界に広げたい「つながりの環（わ）」

2017年3月1日　初版第1刷発行

著者	根木慎志
発行者	志村直人
発行所	株式会社くもん出版
	〒108-8617　東京都港区高輪4-10-18京急第1ビル13F
電話	03-6836-0301（代表）
	03-6836-0317（編集部直通）
	03-6836-0305（営業部直通）
ホームページアドレス	http://www.kumonshuppan.com/
印刷所	大日本印刷株式会社

NDC780•48P•28㎝•2017年•ISBN978-4-7743-2576-7

本書の写真は、ご本人の了解を得て掲載しておりますが、
一部に撮影者等が不明で事前に連絡できなかったものもあります。
お心あたりの方は、編集部までお知らせください。

参考のために外国語にカタカナ表記をつけておりますが、正確な発音をあらわすためのものではありません。また、原則として単語単位につけているので、実際の発音とは、かなり異なる場合もあります。

CD56183